DE LA

CRÉATION

D'UN

CASIER GÉNÉRAL

POUR LA RECHERCHE

ET LA SURVEILLANCE DES MALFAITEURS

PAR

Henri GILBRIN

DOCTEUR EN DROIT

PROCUREUR DE LA RÉPUBLIQUE A MANTES

DE LA

CRÉATION

D'UN

CASIER GÉNÉRAL

POUR LA RECHERCHE

ET LA SURVEILLANCE DES MALFAITEURS

PAR

HENRI GILBRIN

DOCTEUR EN DROIT

PROCUREUR DE LA RÉPUBLIQUE A MANTES

DE LA

CRÉATION

D'UN

CASIER GÉNÉRAL

POUR LA RECHERCHE

ET LA SURVEILLANCE DES MALFAITEURS

Les plaintes, de jour en jour plus vives, que provoque dans la banlieue de Paris et en province, l'augmentation du nombre des malfaiteurs ne sont que trop justifiées.

Il semble que, sans tarder davantage, l'action de la justice doive être fortifiée et qu'il convienne d'exercer une surveillance plus rigoureuse.

A l'aide d'un procédé très simple, et sans accroissement appréciable de dépenses, une amélioration importante pourrait être réalisée dans la situation actuelle dont un exposé sommaire suffit pour révéler les inconvénients les plus saillants.

I

S'il est nécessaire de provoquer l'arrestation d'un malfaiteur dangereux, un mandat d'arrêt est adressé, soit par la poste, soit par le télégraphe, aux divers parquets de France chargés de veiller à son exécution.

Aussitôt d'actives recherches ont lieu, puis peu à peu elles cessent, et à l'expiration d'un délai relativement court, si elles n'ont amené aucun résultat, un procès-verbal en constatant l'insuccès est renvoyé, avec le mandat, au magistrat saisi de l'affaire. De sorte que les dépositaires de la force publique ne possèdent plus aucun document leur rappelant la nécessité de continuer leurs investigations, ou même de détenir l'inculpé signalé que, par suite de circonstances fortuites, ils auraient pu rencontrer.

Ainsi, un assassin contre lequel un mandat d'arrêt aurait été délivré, le 1er mars 1894, par le Juge d'Instruction de Dunkerque, pourrait être mis en état d'arrestation, dans l'arrondissement de Mantes, au cours de l'année 1895, par exemple pour vagabondage. S'il justifie d'un domicile même provisoire, s'il a un peu de menue monnaie ou s'il produit un certificat récent de quelques jours de travail, il sera relâché, aussitôt après avoir été interrogé.

En admettant même que l'on conservât dans les parquets tous les mandats décernés, un magistrat, chaque fois qu'on lui amène un inculpé, ne disposerait pas du temps nécessaire pour vérifier s'il existe un mandat le concernant.

Les documents de cette nature ne sont pas susceptibles de recevoir un classement commode : le papier sur lequel ils figurent est plus ou moins résistant, d'un format souvent inégal, et les noms des inculpés, surtout dans les télégrammes, ne sont pas suffisamment mis en relief (1).

II

En ce qui concerne les individus interdits de séjour ou expulsés de France, aucune surveillance n'est exercée (2).

Avec les moyens dont dispose la police, et malgré toute sa vigilance, elle ne serait d'ailleurs pas possible.

Les commissaires et les gendarmes, si leur attention est éveillée par les allures suspectes de quelques-uns de ces individus, ne peuvent que les interpeller sur leurs ressources. Mais, rendus prudents par de précédents démêlés avec

---

(1) L'existence des sommiers judiciaires atténue, à Paris, plusieurs des inconvénients que nous signalons ; mais les commissaires devraient être mis en situation, sans devoir en référer à la Préfecture de police, d'être instantanément édifiés sur les antécédents de toute personne amenée en leur présence.

(2) La statistique de 1893 accuse un total de 1,349,551 étrangers, résidant sur notre sol, et représentant plus du trentième de la population française.

Pendant la dernière période décennale, de 1884 à 1893,

la justice,ces malfaiteurs se hâtent d'exhiber une minime somme d'argent qu'ils gardent précieusement et dont la possession suffit pour faire disparaître le délit de vagabondage et paralyser l'action de la police.

C'est seulement lorsqu'un condamné à l'interdiction, ou un expulsé, commet une nouvelle infraction, motivant le maintien de son arrestation, pendant quelques jours, qu'un parquet de province est informé, en recevant un extrait du casier judiciaire, que l'inculpé a été antérieurement l'objet d'un arrêté ministériel d'expulsion ou d'interdiction.

III

Dans les gares frontières et dans les ports, l'intervention de la police n'est pas plus efficace.

Un commissaire spécial examine sommairement les voyageurs qui défilent devant lui, se contentant parfois de leur demander quelques vagues renseignements sur leur identité.

Son examen ne peut être plus approfondi

---

environ 4000 expulsions de condamnés étrangers cnt été prononcées, chaque année.

On estime que les deux tiers des expulsés rentrent en France dans la quinzaine qui suit le jour où ils ont été reconduits à la frontière.

La répression actuelle ne les intimide pas suffisamment. Ils devraient pouvoir être frappés d'une peine sensiblement supérieure à celle de six mois, édictée par l'article 8 de la loi du 3 décembre 1849, et surtout cesser d'être admis à bénéficier des dispositions de l'article 463 du code pénal, concernant les circonstances atténuantes.

puisqu'il n'est pas à même de contrôler leurs allégations, de vérifier notamment si plusieurs d'entre eux, se préparant à sortir de France, ne sont pas l'objet de mandats de recherches, et si, parmi ceux qui pénètrent sur le territoire de la République, il n'en est pas qui aient été précédemment expulsés.

IV

D'autre part, la loi du 8 août 1893, sur le séjour des étrangers et la protection du travail national, ne paraît devoir produire aucun des résultats qu'en attendait le législateur.

En effet, lorsque des sujets de nationalité étrangère, exerçant une profession, ont omis, soit de faire une première déclaration, soit de faire viser leur certificat d'immatriculation, ils sont l'objet de poursuites ; mais comme ils ne sont passibles d'aucune peine d'emprisonnement, en aucun cas ils ne sont arrêtés préventivement et doivent être régulièrement assignés.

Or, la plupart d'entre eux n'ont pas de domicile stable et s'empressent de disparaître dès qu'ils sont avisés de la date de l'audience.

Un jugement par défaut intervient et l'exécution ne peut en être assurée, puisque leur nouvelle résidence est presque toujours ignorée.

S'ils encourent, derechef des condamnations pour de semblables infractions, ils ne manquent pas de se dérober comme la première fois.

Le Ministre de l'intérieur n'a même pas la

faculté de prendre à leur encontre un arrêté d'expulsion, dont la notification ne pourrait être effectuée.

V

Enfin à l'égard des anarchistes, la variété des signalements et des renseignements les concernant s'oppose, dans les départements, à toute surveillance utile.

La Direction de la Sûreté générale envoie les instructions qu'elle juge nécessaires aux Préfets, qui les transmettent ensuite aux Sous-Préfets, chargés d'en donner connaissance aux Parquets, aux Officiers de gendarmerie et aux Commissaires de police.

Au chef-lieu de chaque arrondissement, l'Officier commandant la gendarmerie désigne, chaque jour, sans aucun profit pour la sécurité publique, deux gendarmes à l'effet de recopier les longues circulaires de recherches qui lui sont adressées et dont un exemplaire doit être distribué aux chefs des diverses brigades.

Chacune de ces circulaires renferme ordinairement des indications sur plusieurs anarchistes et des références à de précédentes communications; de sorte que tout classement méthodique est impraticable et qu'aucune vérification sérieuse ne peut être tentée au cas de rencontre ou même d'arrestation provisoire d'un individu suspect.

Ces divers inconvénients, joints au développement de la criminalité et à l'audace croissante des malfaiteurs, qui se sentent les plus grandes facilités pour se soustraire à la Justice, n'ont pas échappé à la Direction de la Sûreté générale.

Aussi a-t-elle essayé de donner aux représentants de la force publique certains moyens de contrôle qui, il faut le reconnaître, ne sont pas seulement insuffisants mais notoirement inapplicables.

A des intervalles réguliers, habituellement à la fin de chaque mois, les Parquets, les commissariats de police, et les brigades de gendarmerie en résidence dans les chefs-lieux d'arrondissement, reçoivent, par ses soins, trois états distincts :

I. — Un état signalétique des condamnés interdits de séjour, en vertu de l'article 19 de la loi du 27 mai 1885,

II. — Un état signalétique des anarchistes étrangers, expulsés de France,

III. — Un état des signalements, divisé en plusieurs sections, comprenant :

1° Certains individus poursuivis en vertu d'un mandat d'arrêt,

2° Les déserteurs de la légion étrangère,

3° Les forçats évadés,

4° Les jeunes détenus ayant quitté des colonies agricoles,

5° L'indication des recherches à faire dans l'intérêt des familles,

Mais les investigations dans ces divers fascicules offrent de telles difficultés que nous ne craignons pas d'affirmer que jamais un magistrat ou un de ses auxiliaires ne les examine même superficiellement.

Dès qu'ils arrivent aux destinataires, ils sont, le jour même, déposés aux archives.

Un seul exemple suffit d'ailleurs pour démontrer leur inutilité.

Si le nommé V...., né en 1865, arrêté sous inculpation de vol, est interrogé par un procureur de la République, il sera remis en liberté, sans délai, même en donnant son état civil exact, si le délit qui lui est reproché ne paraît pas pouvoir être juridiquement établi.

Il doit, cependant, purger une condamnation à vingt ans de travaux forcés et s'est évadé de Cayenne, le 7 septembre 1885.

Pour retrouver son nom dans les publications de la Sûreté générale, il serait indispensable de consulter plus de deux-cent-cinquante fascicules des trois états que nous avons désignés, de passer en revue plus de quarante mille noms, et de remonter jusqu'à l'état 830, de la série des signalements, en date du 1ᵉʳ mars 1886.

Une telle vérification n'est jamais faite, car elle demanderait de longues journées de recherches, et il est permis de constater que l'impression des états dressés sur l'ordre du Ministre de l'Intérieur entraîne des dépenses faites en pure perte.

En résumé, avec l'organisation actuelle, des condamnés, interdits de séjour, résident dans les lieux où il leur est défendu de paraître ; des étrangers expulsés habitent la France, pendant de longues années, avant que des circonstances fortuites permettent de les découvrir et de les déférer aux tribunaux. Des forçats évadés de Cayenne et de la Nouvelle-Calédonie, des bandes de bohémiens vingt fois reconduites à la frontière, des malfaiteurs poursuivis en vertu, soit d'un mandat d'arrêt, soit d'un extrait de jugement, ont le loisir de se présenter dans les Préfectures à l'effet de se faire délivrer des passeports ; ils peuvent obtenir dans les mairies des secours de route, sillonner tous les chemins, ne vivre que de vols et de rapines, et passer impunément à proximité des agents de la force publique.

A cette situation regrettable, pour ne pas dire inquiétante, nous croyons qu'il est aisé d'apporter, dans l'intérêt de la Justice, une réelle amélioration.

Sous le nom de "*Casier Général*" un arrêté ministériel établirait :

1° dans tous les Commissariats de police,

2° dans toutes les brigades de gendarmerie,

3° dans les bureaux de la douane les plus rapprochés des frontières de terre,

un casier divisé en vingt-cinq compartiments et destiné à recevoir des fiches, signalétiques, en carton, d'une hauteur de quinze centimètres et d'une largeur de sept centimètres.

Ces fiches, teintées en blanc pour les hommes, en rouge pour les femmes, et classées alphabétiquement, mentionneraient l'état-civil et les signes caractéristiques de tous les malfaiteurs à rechercher ou à surveiller.

De cette manière, une personne suspecte, ne pourrait s'installer dans une maison ou dans un hôtel, circuler dans une ville, dans un village, pénétrer sur le sol français ou tenter d'en sortir, sans qu'un commissaire de police, un brigadier de gendarmerie ou un agent du service actif des douanes fût en mesure, en consultant le casier général, d'être rapidement fixé sur ses antécé·dents.

Quelques individus, il est vrai, tenteront de dissimuler leur identité en donnant un faux Etat-Civil, mais ils devront, le cas échéant, être mis en demeure d'appuyer leurs déclarations par la production de documents réguliers. Il est d'ailleurs fort rare, en province, de rencontrer des malfaiteurs, détenant des papiers qui ne les concernent pas. Pour obvier toutefois à cet inconvénient si exceptionnel, il suffirait d'autoriser les personnes, ayant perdu des pièces d'identité, à faire établir une fiche relatant les circonstances de la perte ou du vol.

La préparation, l'impression et l'envoi des fiches aux destinataires auraient lieu de la manière suivante :

Les greffiers des cours d'appel et des tribunaux enverraient, chaque quinzaine, au directeur de la Maison Centrale de Melun, un duplicata de tout bulletin numéro 1 concernant :

1° un arrèt par contumace,

2° un Jugement par défaut emportant peine d'emprisonnement,

3° un jugement par défaut rendu en vertu de la loi du 8 août 1893 sur les étrangers, (1).

4° Un jugement contradictoire prononçant un emprisonnement supérieur à trois mois. L'existence d'une peine de cette nature autorise, en effet, la police à exercer une certaine surveillance sur le condamné.

De son côté, la direction de la Sûreté Générale donnerait la même destination aux ampliations des arrêtés, soit d'expulsion, soit d'interdiction, de même qu'aux avis concernant les forçats évadés, les déserteurs, et les adeptes de la propagande par le fait.

Enfin les parquets, en dehors de quelques affaires d'une extrème urgence, au lieu d'expédier de nombreux télégrammes-circulaires et ensuite de faire imprimer, à grands frais, les signalements des malfaiteurs contre lesquels un mandat

---

(1) Après avoir fait procéder à une enquête sur l'étranger condamné par défaut, M. le Ministre de l'Intérieur prendrait, s'il y a lieu, un arrêté d'expulsion dont l'ampliation serait transmise à Melun.

En cas de découverte du condamné, il serait détenu administrativement, notification lui serait faite de la décision ministérielle et il serait ensuite reconduit à la frontière.

d'arrêt est décerné, adresseraient également tous les renseignements utiles à Melun, (1).

On sait, en effet, qu'un atelier d'imprimerie administrative fonctionne à la maison centrale de cette ville. L'effectif actuel du personnel s'élève à cent condamnés, mais il peut être facilement augmenté pour effectuer des travaux ne demandant pas de connaissances spéciales. D'autre part, le matériel existant permet de fournir chaque jour un grand nombre d'imprimés.

Dès la réception des documents que nous avons énumérés, le Directeur de la maison centrale ordonnerait l'impression des fiches signalétiques. Il les ferait ensuite expédier aux destinataires, dans le plus bref délai ; de sorte que, le plus souvent, dès le lendemain matin, elles seraient réparties, sur tout le territoire, dans des conditions assurant, de la manière la plus parfaite, la permanence des recherches et de la surveillance des malfaiteurs.

Cette création d'un Casier Général, il convient d'insister sur cette idée, ne saurait provoquer aucune augmentation sensible de dépenses.

Le Ministère de l'Intérieur, outre des publications qui paraissent offrir peu d'intérêt au point de vue social, ne fait-il pas imprimer périodiquement à Melun, les divers Etats que nous avons mentionnés et qui ne peuvent, en aucune circonstance, être consultés avec profit ?

---

(1) Pour prescrire la cessation des recherches les parquets procéderaient d'une manière identique.

Le désir, que manifeste le gouvernement (1), d'exercer désormais une surveillance d'autant plus étroite que, parmi les individus de toutes catégories qui errent à travers le pays, se dissimulent des individus dangereux, dont il importe d'observer les agissements, permet de penser qu'aucun moment n'est plus favorable à l'adoption du projet que nous préconisons.

A l'aide de sa réalisation, les malfaiteurs signalés aux agents de la force publique ne pourraient, hormis quelques cas exceptionnels, pénétrer, voyager, résider en France, ou tenter de sortir de notre territoire, sans que les autorités judiciaires et administratives fussent immédiatement renseignées sur leurs antécédents et les mesures qu'il convient de prendre à leur égard.

---

(1) Voir la circulaire de **M.** le Ministre de l'Intérieur du 6 août 1894.

MANTES

IMPRIMERIE BEAUMONT FRÈRES